最高人民法院

关于审理建筑物区分所有权纠纷案件具体应用法律若干问题的解释

关于审理物业服务纠纷案件具体应用法律若干问题的解释

中国法制出版社

最高人民法院
关于审理建筑物区分所有权纠纷案件具体应用法律若干问题的解释
关于审理物业服务纠纷案件具体应用法律若干问题的解释
ZUIGAO RENMIN FAYUAN
GUANYU SHENLI JIANZHUWU QUFEN SUOYOUQUAN JIUFEN ANJIAN JUTI YINGYONG FALU RUOGAN WENTI DE JIESHI
GUANYU SHENLI WUYE FUWU JIUFEN ANJIAN JUTI YINGYONG FALU RUOGAN WENTI DE JIESHI

经销/新华书店
印刷/涿州市新华印刷有限公司
开本/850×1168 毫米 32　　印张/1　字数/15 千
版次/2009 年 5 月第 1 版　　2009 年 5 月第 1 次印刷

中国法制出版社出版
书号 ISBN 978-7-5093-1152-3　　定价:4.00 元

北京西单横二条 2 号　邮政编码 100031　　传真:66031119
网址:http://www.zgfzs.com　　编辑部电话:66032584
市场营销部电话:66033393　　邮购部电话:66033288

目　　录

中华人民共和国
最高人民法院公告

《最高人民法院关于审理建筑物区分所有权纠纷案件具体应用法律若干问题的解释》已于2009年3月23日由最高人民法院审判委员会第1464次会议通过，现予公布，自2009年10月1日起施行。

二〇〇九年五月十四日

最高人民法院关于审理建筑物区分所有权纠纷案件具体应用法律若干问题的解释

（2009年3月23日最高人民法院审判委员会第1464次会议通过）

法释〔2009〕7号

为正确审理建筑物区分所有权纠纷案件，依法保护当事人的合法权益，根据《中华人民共和国物权法》等法律的规定，结合民事审判实践，制定本解释。

第一条 依法登记取得或者根据物权法第二章第三节规定取得建筑物专有部分所有权的人，应当认定为物权法第六章所称的业主。

基于与建设单位之间的商品房买卖民事法律行为，已经合法占有建筑物专有部分，但尚未依法办理所有权登记的人，可以认定为物权法第六章所称的业主。

第二条 建筑区划内符合下列条件的房屋，以及车位、摊位等特定空间，应当认定为物权法第六章所称的专有部分：

（一）具有构造上的独立性，能够明确区分；

（二）具有利用上的独立性，可以排他使用；

（三）能够登记成为特定业主所有权的客体。

规划上专属于特定房屋，且建设单位销售时已经根据规划列入该特定房屋买卖合同中的露台等，应当认定为物权法第六章所称专有部分的组成部分。

本条第一款所称房屋，包括整栋建筑物。

第三条 除法律、行政法规规定的共有部分外，建筑区划内的以下部分，也应当认定为物权法第六章所称的共有部分：

（一）建筑物的基础、承重结构、外墙、屋顶等基本结构部分，通道、楼梯、大堂等公共通行部分，消防、公共照明等附属设施、设备，避难层、设备层或者设备间等结构部分；

（二）其他不属于业主专有部分，也不属于市政公用部分或者其他权利人所有的场所及设施等。

建筑区划内的土地，依法由业主共同享有建设用地使用权，但属于业主专有的整栋建筑物的规划占地或者城镇公共道路、绿地占地除外。

第四条 业主基于对住宅、经营性用房等专有部分特定使用功能的合理需要，无偿利用屋顶以及与其专有部分相对应的外墙面等共有部分的，不应认定为侵权。但违反法律、法规、管理规约，损害他人合法权益的除外。

第五条 建设单位按照配置比例将车位、车库，以出售、附赠或者出租等方式处分给业主的，应当认定其行为符合物权法第七十四条第一款有关“应当首先满足业主的需要”的规定。

前款所称配置比例是指规划确定的建筑区划内规划用于停放汽车的车位、车库与房屋套数的比例。

第六条 建筑区划内在规划用于停放汽车的车位之外，占用业主共有道路或者其他场地增设的车位，应当认定为物权法第七十四条第三款所称的车位。

第七条 改变共有部分的用途、利用共有部分从事经营性活动、处分共有部分，以及业主大会依法决定或者管理规约依法确定应由业主共同决定的事项，应当认定为物权法第七十六条第一款第（七）项规定的有关共有和共同管理权利的“其他重大事项”。

第八条 物权法第七十六条第二款和第八十条规定的专有部分面积和建筑物总面积，可以按照下列方法认定：

（一）专有部分面积，按照不动产登记簿记载的面积计算；尚未进行物权登记的，暂按测绘机构的实测面积计算；尚未进行实测的，暂按房屋买卖合同记载的面积计算；

（二）建筑物总面积，按照前项的统计总和计算。

第九条 物权法第七十六条第二款规定的业主人数和总人数，可以按照下列方法认定：

（一）业主人数，按照专有部分的数量计算，一个专有部分按一人计算。但建设单位尚未出售和虽已出售但尚未交付的部分，以及同一买受人拥有一个以上专有部分的，按一人计算；

（二）总人数，按照前项的统计总和计算。

第十条 业主将住宅改变为经营性用房，未按照物权法第七十七条的规定经有利害关系的业主同意，有利害关系的业主请求排除妨害、消除危险、恢复原状或者赔偿损失的，人民法院应予支持。

将住宅改变为经营性用房的业主以多数有利害关系的业主同意其行为进行抗辩的，人民法院不予支持。

第十一条 业主将住宅改变为经营性用房，本栋建筑物内的其他业主，应当认定为物权法第七十七条所称"有利害关系的业主"。建筑区划内，本栋建筑物之外的业主，主张与自己有利害关系的，应证明其房屋价值、生活质量受到或者可能受到不利影响。

第十二条 业主以业主大会或者业主委员会作出的决定侵害其合法权益或者违反了法律规定的程序为由，依据物权法第七十八条第二款的规定请求人民法院撤销该决定的，应当在知道或者应当知道业主大会或者业主委员会作出决定之日起一年内行使。

第十三条 业主请求公布、查阅下列应当向业主公开的情况和资料的，人民法院应予支持：

（一）建筑物及其附属设施的维修资金的筹集、使用情况；

（二）管理规约、业主大会议事规则，以及业主大会或者业主委员会的决定及会议记录；

（三）物业服务合同、共有部分的使用和收益情况；

（四）建筑区划内规划用于停放汽车的车位、车库的处分情况；

（五）其他应当向业主公开的情况和资料。

第十四条 建设单位或者其他行为人擅自占用、处分业主共有部分、改变其使用功能或者进行经营性活动，权利人请求排除妨害、恢复原状、确认处分行为无效或者赔偿损失的，人民法院应予支持。

属于前款所称擅自进行经营性活动的情形，权利人请求行为人将扣除合理成本之后的收益用于补充专项维修资金或者业主共同决定的其他用途的，人民法院应予支持。行为人对成本的支出及其合理性承担举证责任。

第十五条 业主或者其他行为人违反法律、法规、国家相关强制性标准、管理规约，或者违反业主大会、业主委员会依法作出的决定，实施下列行为的，可以认定为物权法第八十三条第二款所称的其他“损害他人合法权益的行为”：

（一）损害房屋承重结构，损害或者违章使用电力、燃气、消防设施，在建筑物内放置危险、放射性物品等危及建筑物安全或者妨碍建筑物正常使用；

（二）违反规定破坏、改变建筑物外墙面的形状、颜色等损害建筑物外观；

（三）违反规定进行房屋装饰装修；

（四）违章加建、改建，侵占、挖掘公共通道、道路、场地或者其他共有部分。

第十六条 建筑物区分所有权纠纷涉及专有部分的承租人、借用人等物业使用人的，参照本解释处理。

专有部分的承租人、借用人等物业使用人，根据法律、法规、管理规约、业主大会或者业主委员会依法作出的决定，以及其与业主的约定，享有相应权利，承担相应义务。

第十七条 本解释所称建设单位，包括包销期满，按照包销合同约定的包销价格购买尚未销售的物业后，以自己名义对外销售的包销人。

第十八条 人民法院审理建筑物区分所有权案件中，涉及有关物权归属争议的，应当以法律、行政法规为依据。

第十九条 本解释自2009年10月1日起施行。

因物权法施行后实施的行为引起的建筑物区分所有权纠纷案件，适用本解释。

本解释施行前已经终审，本解释施行后当事人申请再审或者按照审判监督程序决定再审的案件，不适用本解释。

中华人民共和国
最高人民法院公告

《最高人民法院关于审理物业服务纠纷案件具体应用法律若干问题的解释》已于2009年4月20日由最高人民法院审判委员会第1466次会议通过，现予公布，自2009年10月1日起施行。

二〇〇九年五月十五日

最高人民法院关于审理物业服务纠纷案件具体应用法律若干问题的解释

（2009年4月20日最高人民法院审判委员会第1466次会议通过）

法释〔2009〕8号

为正确审理物业服务纠纷案件，依法保护当事人的合法权益，根据《中华人民共和国民法通则》、《中华人民共和国物权法》、《中华人民共和国合同法》等法律规定，结合民事审判实践，制定本解释。

第一条 建设单位依法与物业服务企业签订的前期物业服务合同，以及业主委员会与业主大会依法选聘的物业服务企业签订的物业服务合同，对业主具有约束力。业主以其并非合同当事人为由提出抗辩的，人民法院不予支持。

第二条 符合下列情形之一，业主委员会或者业主请求确认合同或者合同相关条款无效的，人民法院应予支持：

（一）物业服务企业将物业服务区域内的全部物业服务业务一并委托他人而签订的委托合同；

（二）物业服务合同中免除物业服务企业责任、加重业主委员会或者业主责任、排除业主委员会或者业主主要权利的条款。

前款所称物业服务合同包括前期物业服务合同。

第三条 物业服务企业不履行或者不完全履行物业服务合同约定的或者法律、法规规定以及相关行业规范确定的维修、养护、管理和维护义务，业主请求物业服务企业承担继续履行、采取补救措施或者赔偿损失等违约责任的，人民法院应予支持。

物业服务企业公开作出的服务承诺及制定的服务细则，应当认定为物业服务合同的组成部分。

第四条 业主违反物业服务合同或者法律、法规、管理规约，实施妨害物业服务与管理的行为，物业服务企业请求业主承担恢复原状、停止侵害、排除妨害等相应民事责任的，人民法院应予支持。

第五条 物业服务企业违反物业服务合同约定或者法律、法规、部门规章规定，擅自扩大收费范围、提高收费标准或者重复收费，业主以违规收费为由提出抗辩的，人民法院应予支持。

业主请求物业服务企业退还其已收取的违规费用的，人民法院应予支持。

第六条 经书面催交，业主无正当理由拒绝交纳或者在催告的合理期限内仍未交纳物业费，物业服务企业请求业主支付物业费的，人民法院应予支持。物业服务企业已经按照合同约定以及相关规定提供服务，业主仅以未享受或者无需接受相关物业服务为抗辩理由的，人民法院不予支持。

第七条 业主与物业的承租人、借用人或者其他物业使用人约定由物业使用人交纳物业费，物业服务企业请求业主承担连带责任的，人民法院应予支持。

第八条 业主大会按照物权法第七十六条规定的程序作出解聘物业服务企业的决定后，业主委员会请求解除物业服务合同的，人民法院应予支持。

物业服务企业向业主委员会提出物业费主张的，人民法院应当告知其向拖欠物业费的业主另行主张权利。

第九条 物业服务合同的权利义务终止后，业主请求物业服务企业退还已经预收，但尚未提供物业服务期间的物业费的，人民法院应予支持。

物业服务企业请求业主支付拖欠的物业费的，按照本解释第六条规定处理。

第十条 物业服务合同的权利义务终止后，业主委员会请求物业服务企业退出物业服务区域、移交物业服务用房和相关设施，以及物业服务所必需的相关资料和由其代管的专项维修资金的，人民法院应予支持。

物业服务企业拒绝退出、移交，并以存在事实上的物业服务关系为由，请求业主支付物业服务合同权利义务终止后的物业费的，人民法院不予支持。

第十一条 本解释涉及物业服务企业的规定，适用于物权法第七十六条、第八十一条、第八十二条所称其他管理人。

第十二条 因物业的承租人、借用人或者其他物业使用人实施违反物业服务合同，以及法律、法规或者管理规约的行为引起的物业服务纠纷，人民法院应当参照本解释关于业主的规定处理。

第十三条 本解释自2009年10月1日起施行。

本解释施行前已经终审，本解释施行后当事人申请再审或者按照审判监督程序决定再审的案件，不适用本解释。

附：

中华人民共和国物权法（节录）

（2007年3月16日第十届全国人民代表大会第五次会议通过 2007年3月16日中华人民共和国主席令第62号公布 自2007年10月1日起施行）

……

第六章 业主的建筑物区分所有权

第七十条 业主对建筑物内的住宅、经营性用房等专有部分享有所有权，对专有部分以外的共有部分享有共有和共同管理的权利。

第七十一条 业主对其建筑物专有部分享有占有、使用、收益和处分的权利。业主行使权利不得危及建筑物的安全，不得损害其他业主的合法权益。

第七十二条 业主对建筑物专有部分以外的共有部分，享有权利，承担义务；不得以放弃权利不履行义务。

业主转让建筑物内的住宅、经营性用房，其对共有部分享有的共有和共同管理的权利一并转让。

第七十三条 建筑区划内的道路，属于业主共有，但属于城镇公共道路的除外。建筑区划内的绿地，属于业主共有，但属于城镇公共绿地或者明示属于个人的除外。建筑区划内的其他公共场所、公用设施和物业服务用房，属于业主共有。

第七十四条 建筑区划内，规划用于停放汽车的车位、车库应当首先满足业主的需要。

建筑区划内，规划用于停放汽车的车位、车库的归属，由当事人通过出售、附赠或者出租等方式约定。

占用业主共有的道路或者其他场地用于停放汽车的车位，属于业主共有。

第七十五条 业主可以设立业主大会，选举业主委员会。

地方人民政府有关部门应当对设立业主大会和选举业主委员会给予指导和协助。

第七十六条 下列事项由业主共同决定：

（一）制定和修改业主大会议事规则；

（二）制定和修改建筑物及其附属设施的管理规约；

（三）选举业主委员会或者更换业主委员会成员；

（四）选聘和解聘物业服务企业或者其他管理人；

（五）筹集和使用建筑物及其附属设施的维修资金；

（六）改建、重建建筑物及其附属设施；

（七）有关共有和共同管理权利的其他重大事项。

决定前款第五项和第六项规定的事项，应当经专有部分占建筑物总面积三分之二以上的业主且占总人数三分之二以上的业主同意。决定前款其他事项，应当经专有部分占建筑物总面积过半数的业主且占总人数过半数的业主同意。

第七十七条　业主不得违反法律、法规以及管理规约，将住宅改变为经营性用房。业主将住宅改变为经营性用房的，除遵守法律、法规以及管理规约外，应当经有利害关系的业主同意。

第七十八条　业主大会或者业主委员会的决定，对业主具有约束力。

业主大会或者业主委员会作出的决定侵害业主合法权益的，受侵害的业主可以请求人民法院予以撤销。

第七十九条　建筑物及其附属设施的维修资金，属于业主共有。经业主共同决定，可以用于电梯、水箱等共有部分的维修。维修资金的筹集、使用情况应当公布。

第八十条　建筑物及其附属设施的费用分摊、收益分配等事项，有约定的，按照约定；没有约定或者约定不明确的，按照业主专有部分占建筑物总面积的比例确定。

第八十一条　业主可以自行管理建筑物及其附属设施，也可以委托物业服务企业或者其他管理人管理。

对建设单位聘请的物业服务企业或者其他管理人，业主有权依法更换。

第八十二条　物业服务企业或者其他管理人根据业

主的委托管理建筑区划内的建筑物及其附属设施，并接受业主的监督。

第八十三条 业主应当遵守法律、法规以及管理规约。

业主大会和业主委员会，对任意弃置垃圾、排放污染物或者噪声、违反规定饲养动物、违章搭建、侵占通道、拒付物业费等损害他人合法权益的行为，有权依照法律、法规以及管理规约，要求行为人停止侵害、消除危险、排除妨害、赔偿损失。业主对侵害自己合法权益的行为，可以依法向人民法院提起诉讼。

……

最高人民法院民一庭负责人就建筑物区分所有权、物业服务司法解释答记者问*

问：实践中，对如何认定业主观点不一，司法解释作出相关规定主要基于何种考虑？

答：“业主”在建筑物区分所有权理论中被称为建筑物区分所有权人，明确业主身份的界定标准，对贯彻执行物权法第六章规定具有重要意义，有必要在司法解释中予以明确。根据物权法第九条、第二十八条等规定，司法解释确定依法登记取得或者依据生效法律文书、继承或者受遗赠，以及合法建造房屋等事实行为取得专有部分所有权的人，应当认定为业主。这是界定业主身份的一般规则。

但在现实生活中，基于与建设单位之间的商品房买卖民事法律行为，房屋买受人在已经合法占有使用专有部分的情况下，仍未依法办理所有权登记的情形大量存在。在此情况下，如果仅以是否已经依法登记取得所有

---

* 摘自《人民法院报》2009年5月25日第4版。

权作为界定业主身份的标准，将与现实生活产生冲突，并有可能对前述人群应当享有的权利造成损害。这部分人对共有部分的利用以及共同管理权的行使需求更为强烈，与其他业主之间的联系程度也更为直接和紧密，因此有必要对其“业主身份”问题进行特别规定。为了更好地维护业主自治秩序和建筑物区分所有权法律关系的和谐稳定，根据物权法等法律规定精神，司法解释对这种情形下的业主身份认定问题作出特别规定，即可以认定其为物权法第六章所称的业主。这样的规定既可以有效地统一司法评价标准，也符合物权法的规定精神，适应现实生活。同时，还可以引导这部分人及时办理物权登记。

问：如何认定专有部分和共有部分是实践中大量纠纷的关键问题，司法解释对此作出了怎样的规定？

答：按照建筑物区分所有权理论通说认为，界定专有部分的标准是“具有构造和利用上的独立性”。此外，专有部分属于不动产，而不动产所有权的取得一般须经登记。因此有必要把登记作为专有部分界定的标准之一。尽管目前还存在一些本应属于专有部分却无法进行登记的情况，但随着登记制度的不断完善，并不意味着日后不能办理登记。所以，司法解释将“登记”表述为“能够登记”。除了建筑物内住宅、经营性用房等房屋外，司法解释从现实生活出发规定，专有部分的范围还包括整栋建筑物、特定空间及露台等。

实践中很多建筑物区分所有权纠纷是围绕共有部分产生的。物权法第六章对共有部分采取了较为分散的列举式规定。综合实践中有关共有部分界定争议的实际情况并经反复研究，司法解释采用列举、排除加兜底的方法，明确了共有部分的含义，以便于解决审判实践中的问题。为了条文文字的简洁，司法解释对法定共有部分不再重复。根据物权法第六章的规定，法定共有部分包括建筑区划内的道路（属于城镇公共道路的除外）、绿地(属于城镇公共绿地以及明示属于个人的除外)、其他公共场所、公用设施和物业服务用房、占用业主共有的道路或者其他场地用于停放汽车的车位及电梯、水箱等。此外，司法解释也就天然共有部分作出了明确规定。天然共有部分，即法律没有规定，合同也没有约定，而且一般也不具备登记条件，但从其属性上天然属于共有的部分，包括建筑物的基本结构部分、公共通行部分、公共设施设备部分和公共空间等，其中明确列举外墙面、屋顶、通道等属于共有部分，是为了便于解决审判实践中的纠纷。因共有部分很难通过列举的方法予以穷尽，按照“非特定权利人所有即为业主共有”的思路，司法解释还专门作出了兜底性的规定。满足下列两个条件的应当认定为共有部分：1. 不属于业主专有部分；2. 不属于市政公用部分或者其他权利人所有。对建筑区划内的土地，司法解释根据物权法第一百三十五条也做出了相关规定。

问：车位、车库争议是建筑物区分所有权纠纷案件的热点难点问题，司法解释是如何处理此类问题的？

答：司法解释在物权法第七十四条第一款规定框架内，着重解决如何认定建设单位已经履行法律有关“首先满足业主的需要”问题。如果建设单位已经按照规划确定的建筑区划内规划用于停放汽车的车位、车库与专有部分的比例，将车位、车库以出售、附赠或者出租等方式处分给业主的，应当认定其行为已符合物权法第七十四条第一款有关“应当首先满足业主的需要”的规定。其原因在于，规划确定的配置比例具有法定性和确定性，业主在购买专有部分的时候对此也是明知的。只要业主已经按照配置比例购置或者租赁到车位、车库，就应当认为其需要已经得到了“首先满足”。否则，将有可能出现特定业主对车位、车库提出过度主张。

车位、车库纠纷的处理是一个极其复杂的问题，司法解释的规定还有些原则，但思路是明确的。在审判实践中，各级法院和法官可以在司法解释确定的大原则下，结合纠纷具体情况妥处相关案件。待审判实践经验的积累足够丰富之后，也可择机就新问题、新情况作出单行批复。

问：物权法第七十六条规定了业主共同决定重大事项时对专有部分面积、建筑物总面积以及业主人数、总人数的比例要求，这些比例应如何计算？

答：专有部分面积、建筑物总面积以及业主人数、总人数如何计算，关系到业主共同管理权的具体行使问题，是认定业主自治决议作出的程序是否合法的重要依据。物权法第七十六条第二款规定了业主自治多数决的比例。但对计算该比例依据的专有部分面积、建筑物总面积，以及业主人数、总人数却未作明确规定，对此有必要在司法解释中进行解释。

不动产登记实践中，各地对专有部分面积依何种标准记载并不统一，但在同一建筑区划内则是相同的，所以司法解释仅笼统表述为“面积”。如果已经依法登记的，按照不动产登记簿记载的面积计算；尚未进行物权登记的，暂按测绘机构的实测面积计算；尚未进行实测的，暂按房屋买卖合同记载的面积计算。专有部分面积确定后，建筑物总面积则应以按照同一标准计算的专有部分面积的总和计算。业主人数原则上应当按照专有部分的数量计算。但在一人（包括建设单位）拥有数个专有部分的情况中，如果同时复计人数将导致该人双重优势。因此，司法解释特别规定，建设单位尚未出售和虽已出售但尚未交付的部分，以及同一买受人拥有一个以上专有部分的，按一人计算。该规定并不会对这类权利人行使管理权造成影响，因为其专有部分面积在建筑物总面积中的比例未被改变。

问：当前，因“住改商”引发的纠纷比较多，司法解释对物权法第七十七条作出了怎样的解释性规定？

答：物权法第七十七条规定，业主不得违反法律、法规以及管理规约，将住宅改变为经营性用房。业主将住宅改变为经营性用房的，除遵守法律、法规以及管理规约外，应当经有利害关系的业主同意。对该条的理解主要有三个问题需要解决：一是如果未经有利害关系的业主同意，其法律后果是什么；二是有利害关系业主的同意是需全部同意还是多数同意即可；三是如何确定有利害关系业主的范围。

按照物权法第七十七条规定，“住改商”行为的合法性需要满足两个条件：遵守法律、法规以及管理规约；应当经有利害关系的业主同意。未经有利害关系的业主同意，其行为仍不具备合法性。据此，物权法第七十七条实际上已经成为“住改商”业主对由此产生的损害后果需承担相应民事责任的法律依据。

物权法施行后，在实践中有做法是按照多数决来确定有利害关系业主的意见。这既没有法律依据，也违反了物权法第七十七条的立法目的，针对这种情况，司法解释特别规定，将住宅改变为经营性用房的业主以多数有利害关系的业主同意其行为进行抗辩的，不予支持。司法解释综合考虑“住改商”纠纷的实际情况，将有利害关系业主的范围原则上确定为在本栋建筑物之内，该范围基本上有效涵盖了与“住改商”行为有利害关系的业主，在审判实务中也比较容易掌握和操作。此外，实践中确实有可能出现建筑区划内本栋建筑物之外的业主也与“住改商”行为存在利害关系的情况，但这部分业主的范围难以统一划定，为防止利害关系业主范围的无限制泛化，司法解释另外规定，其应证明利害关系的存在。

问：物权法第七十八条规定了业主的撤销权，司法解释对业主撤销权行使问题有何具体规定？

答：物权法第七十八条第二款对业主撤销权作出了规定，但业主撤销权的行使还涉及到一些具体问题需要明确。比如，业主大会、业主委员会违反法定程序作出的决定，业主能否申请撤销，以及业主撤销权的行使应否有一个时间限制等。根据物权法第七十六条的立法精神，司法解释将物权法第七十八条第二款规定的“业主合法权益”解释为：不仅包括侵害业主的实体权利，也包括作出决定的程序违反法律规定。业主撤销权作为一种形成权，应当受到除斥期间的限制，本条参照合同法有关债权人撤销权的规定，将其确定为自知道或者应当知道业主大会或者业主委员会作出决定之日起一年之内。如此规定，既可以督促受侵害的业主及时行使权利，也有利于尽量维护业主共同生活秩序的稳定。因该除斥期间的起算点为“在知道或者应当知道业主大会或者业主委员会作出决定之日起”，所以也不会对业主合法权益保护带来不利影响。

问：物业服务合同一般是由业主委员会与物业服务企业订立的，一些业主以其不是合同当事人为由拒绝履行相关义务，司法解释如何解决？

答：不仅是物业服务合同，前期物业服务合同也存在这个问题。根据《物业管理条例》的相关规定，在业主、业主大会选聘物业服务企业之前，建设单位可以通过招投标或者经行政主管部门批准采用协议方式选聘物业服务企业，签订前期物业服务合同。只要前期物业服务合同合法有效，其对业主即应具有约束力。物权法第七十六条规定，选聘物业服务企业应当由业主共同决定。业主委员会根据《物业管理条例》的相关规定，与业主大会依法选聘的物业服务企业签订的物业服务合同，是业主自治权行使的结果，全体业主都应遵守。在实践中，有些业主以不是合同当事人为由，不愿接受物业服务合同的约束，拒绝履行相应义务并引发纠纷。业主虽然不是物业服务合同（包括前期物业服务合同）形式上的签订者，但其是物业服务合同项下权利义务的一方实际享有者和承担者。从这个角度看，物业服务企业是和业主而不是与业主委员会建立的物业服务法律关系。据此，司法解释规定，业主以其并非合同当事人为由提出抗辩的，人民法院不予支持。

问：实践中物业服务合同的约定内容一般较为简单，产生纠纷时，当事人对如何确定物业服务企业的义务常发生争议，司法解释对此有何规定？

答：实践中，很多物业服务合同约定内容并不十分详细，而对物业服务管理行为的规范很多是通过法律、法规规定或者相关行业规范来进行的。除此以外，物业服务企业公开作出的服务承诺及制定的服务细则，往往对业主作出选聘决定具有重要作用。为更好维护业主权益，司法解释依据合同默示条款理论，合理扩充了物业服务企业应承担义务的依据范围，即不仅限于物业服务合同中的明示条款，法律、法规规定、相关行业规范，以及物业服务企业公开作出的服务承诺及制定的服务细则也是确定物业服务企业应尽义务的依据。根据《物业管理条例》第2条规定，物业服务企业应当承担的义务主要是对房屋及配套的设施设备和相关场地进行维修、养护、管理，维护相关区域内的环境卫生和秩序，就其义务量而言，司法解释对物业服务企业应尽义务所做的规定并不会额外增加物业服务企业的义务。

问：很多业主认为，物业服务企业没有权利就业主相关妨害物业服务秩序的行为提起诉讼，这种观点是否正确，司法解释是如何规定的？

答：这种观点是不正确的。物业服务企业与业主之间的委托关系具有一定的特殊性，其中很重要的一个方面就是全体业主将维护物业服务区域秩序的管理权交给物业服务企业。该权利行使的主要途径是对业主实施"人"的管理。业主实施妨害物业服务与管理的行为，既有可能是违反物业服务合同的违约行为，有时也可能是一种侵权行为。赋予物业服务企业以相应诉权，并未超出其对"人"管理权的行使边界，而且可以及时有效地制止不法行为。实际上在实践中，其他业主往往都是要求物业服务企业去制止妨害、侵害行为，而不愿自己亲力亲为。基于以上考虑，司法解释规定，业主违反物业服务合同或者法律、法规、管理规约，实施妨害物业服务与管理的行为，物业服务企业请求业主承担恢复原状、停止侵害、排除妨害等相应民事责任的，人民法院应予支持。

问：欠费纠纷是物业服务纠纷的主要类型，如果业主提出不需要有关物业服务或者因出国等原因没有享受物业服务而拒绝缴费，应如何处理？

答：业主委员会根据《物业管理条例》的规定，与业主大会依法选聘的物业服务企业签订的物业服务合同，是业主自治权行使的结果，全体业主都应遵守。实践中，在物业服务企业已经按照约定以及规定全面履行了相应义务的情况下，有的业主以未享受物业服务企业已经提供的服务（比如业主提出其因出国而未享受服务）或者无需接受相关物业服务（比如低楼层业主提出其从未乘坐电梯等）提出抗辩。选聘物业服务企业是业主共同作出的决定，只要物业服务企业按照合同约定提供了相关服务，则物业费的交纳义务对全体业主而言都是均等的。否则，物业服务关系的稳定性和确定性将会被彻底打破。除非管理规约或者物业服务合同等有另外的规定或者约定，业主以前述理由所提的抗辩属于权利滥用，有损业主自治机制和物业服务秩序，所以不应得到支持。

问：服务合同解除后，如物业服务企业提出其尚有物业费被拖欠，应如何主张权利？如物业服务企业拒绝退出，并以存在事实物业服务关系为由要求支付物业费，应否得到支持？

答：物权法第七十六条规定，业主大会有权决定解聘物业服务企业。按照业主大会决定，业主委员会代表业主，应有请求解除物业服务合同的权利。业主委员会虽为物业服务合同的一方当事人，但其既不是欠费人又没有责任财产，所以如果确实存在拖欠物业费的情形，物业服务企业可以在合同解除后，向拖欠物业费的业主提起诉讼。对此，司法解释明确规定，如果物业服务企业在解除物业服务合同的诉讼中，提出要求业主委员会支付拖欠的物业费的请求，法院应当告知其向拖欠物业费的业主另行主张权利。

实践中，在物业服务合同权利义务终止后，因物业服务企业拒绝退出而引发的纠纷不在少数。司法解释明确规定，在物业服务合同权利义务终止后，物业服务企业应当退出物业服务区域、移交物业服务用房和相关设施，以及物业服务所必需的相关资料和由其代管的专项维修资金。如果物业服务企业拒绝退出，并以存在事实物业服务关系为由，请求业主支付物业服务合同权利义务终止后的物业费的，法院不予支持。物业服务合同权利义务终止的情形，主要包括合同终止、解除、期限届满且未续期等。

问：如果物业服务纠纷是由于承租人、借用人等引起的，是否也适用司法解释相关规定？最高法院对两部司法解释的施行有何特殊考虑？

答：实践中，物业服务纠纷常常会涉及到房屋的承租人、借用人等物业使用人。该物业使用人虽然不是业主，但其居住生活在物业服务区域内，也应当受到物业服务合同、法律、法规以及管理规约的约束。从这个意义上说，司法解释对物业服务纠纷的规定，应当同样适用于因非业主的物业使用人实施违反物业服务合同、法律、法规或者管理规约的行为引起的物业服务纠纷案件的处理。对此，司法解释明确作出了规定。

物权法施行前，法律并无"住改商"应当经有利害关系的业主同意的规定，也没有规划用于停放汽车的车位、车库应当首先满足业主的需要的规定，除此以外，物权法对共同事项多数决的比例规定也比修订前的物业管理条例的规定高。如果不对司法解释的时间效力进行适当限制，将有可能使得许多已经稳定的社会关系重新被打破，并引发大量纠纷案件。基于此种考虑，根据法不溯及既往的原则，建筑物区分所有权司法解释明确规定，因物权法施行后实施的行为引起的建筑物区分所有权纠纷案件，适用该解释。同时，为了在司法解释正式施行之前，给各界预留一个宣传学习的时间，也为了最大限度通过自律、自纠的方式消化可能发生的纠纷案件，两部司法解释都将于2009年10月1日起正式施行。